ROMEON
VERLAG

Gedanken über
Liebe – Glück - und mehr

1. Auflage, erschienen 08-2023

Umschlaggestaltung: ROMEON Verlag
Text: Helmut Bongert
Layout: Romeon Verlag

www.romeon-verlag.de

Bibliografische Information der Deutschen Nationalbibliothek:
Die Deutsche Nationalbibliothek verzeichnet diese Publikation in der Deutschen Nationalbibliografie; detaillierte bibliografische Daten sind im Internet über *https://portal.dnb.de* abrufbar.

Helmut Bongert

Gedanken über Liebe – Glück - und mehr

Gedichte, die Licht und Schatten zeigen

Ein Blatt Papier

Ein Blatt ist viel mehr,
als nur einfach leer.
Es gibt große und auch kleine,
grobe gibt es und auch feine.

In Rechteck, Quadrat und rund,
in uni, weiß und auch bunt.
Es gibt sie allerorten,
auch in verschied`nen Sorten.

Hammerschlag, Bütte, marmoriert,
liniert, für Noten und kariert.
Für jeden Zweck und auch Gebrauch,
gibt es verschiedene Größen auch.

Die Benutzung und der Gebrauch,
hingegen sind verschieden auch.
Für die Hygiene, das ist toll,
gibt es diese auf der Roll`.

Was wär` der Mensch, wenn er dies` Blatt,
danach nicht zur Verfügung hat?
So auch beim Nase schniefen,
tut man sie darin vertiefen.

Auch beim Backen, mit Verstand,
nimmt man ein Blatt Papier gewandt.
Zum Wischen und zum Putzen,
kann man es auch benutzen.

Von DIN A0 bis DIN A10,
die verschied`nen Größen steh`n.
Um die Größe zu gestalten,
kann man das Blatt auch falten.

Ist es verbraucht, dann wissen wir,
es ist dann nur noch Altpapier.
Hieraus wird dann, wir sind ja schlau,
wieder Neupapier in weiß und grau.

Das ist dann, so sagen wir,
der Kreislauf von dem Blatt Papier.
Da gibt es nichts zu stutzen,
man kann es wieder nutzen.

Dies` hat der Schreiber nun getan
und sieht sich nochmal alles an.
Er weiß genau, ohne aber oder wenn,
das Papier ist wichtig, denn:
„Was wäre jeder Schreiber hier,
hätte er nicht ein Blatt Papier."

Das Leben

Die Blätter, sie fallen vom Baum,
indes Herbstes herrlicher Pracht,
ein jedes von ihnen ist daun,
es hat nicht mehr die Kraft.

Wie das Laub, so ist das Leben,
erst jung und grün,
doch ist auch ihm die Zeit gegeben,
wo es muss verblüh`n.

Das Leben ist oft heiter,
oft schlägt es hart nur zu,
oft weiß man nicht mehr weiter,
mal kommt der Tod im Nu.

Das Blatt, es dreht sich im Wind,
ganz unbesorgt, so spielt auch das Kind,
nicht weiß das Blatt, wann es fällt;
nicht das Kind, wann die Stunde ist bestellt.

Mitten im Leben ein jeder steht,
so, wie im Frühling die Blüte;
nicht wissen wir, wann`s zu Ende geht,
der Herr vor dem uns noch behüte.

Der Frühling ist die Jugend,
der Sommer schönste Zeit;
der Herbst, er bringt die Tugend,
der Winter Sterbens Zeit.

Vorbereitung ist das Leben,
immer sein bereit,
das Gute zu erstreben,
bis kommt des Schnitters Zeit.

Geburtstagswunsch

Du möchtest ein bisschen glücklich sein,
du möchtest dich mit uns hier freu`n?
Du wünschst dir, dass dich jemand fragt:
„Wie geht es dir?“ und dir einfach sagt:
„Wir mögen dich, sind gern bei dir!“
Das ist ein Wunsch von allen hier.

Du möchtest ein bisschen glücklich sein,
drum ludest du uns alle ein.
Wir haben alle an dich gedacht
und uns selber heute mitgebracht.
Wir bleiben heute lang bei dir,
das ist ein Wunsch von allen hier.

Du möchtest ein bisschen glücklich sein,
drum stimmen wie im Chor wir ein:
„Wir wünschen dir zu deinem Feste,
alle nur das Allerbeste!“
Gesundheit sei beschieden dir,
das ist ein Wunsch von allen hier.

Du möchtest ein bisschen glücklich sein,
über einen Anruf dich erfreu`n.
Über einen Händedruck, ein liebes Wort,
ein Lächeln auch mal hier und dort.
All das bekommst du heute hier,
von ihr, von ihm und auch von mir.

Goldene Hochzeit

Zur goldenen Hochzeit alles Gute,
Gesundheit und auch Glück fürwahr,
gehet stets mit frohem Mute,
hinein ins neue Ehejahr.
50 Jahre sich vertrauen,
50 Jahre Liebe schenken,
50 Jahre aufeinander bauen.
50 Jahre aneinander denken.
Wahrlich eine lange Zeit,
von einander nicht zu weichen,
doch nicht allein, denn nur zu zweit,
kann man so ein Ziel erreichen.
Weiterhin Gesundheit und auch Glück,
für viele weitere Jahre,
denkt an die gute Zeit zurück,
das ist das einzig Wahre.

Kein Bleiben ist auf Erden

Kein Bleiben ist auf Erden,
jeder geht von ihr,
der Tod holt seine Herden,
bald dort, bald hier.

Er kommt daher gegangen,
klopft nicht an deine Tür,
gar manchen tut er bangen,
wenn er tritt herfür.

Kein Bleiben ist für Bös` und Gut,
für Arm und Reich kein Weilen,
jeder sich gut hüten tut,
der Tod steht schon in Eilen.

Er kommt gleich wie der Schnitter,
der` s Korne mähen will,
oft kommt er wie ein Ritter,
oder auch ganz still.

Wir alle müssen gehen,
einst von dieser Welt,
wir alle werden stehen,
vor Gottes Richterzelt.

Zum Jahreswechsel

Heut´ ist der letzte Tag im Jahr,
für immer ist die Zeit dahin;
und jeder Mensch, der denkt fürwahr,
ob sie Verlust war, oder Gewinn.

Wenn dann das Jahr zu Ende geht,
mit Feuerwerk und Kerzenschein,
das alte mit dem Rauch verweht,
stellt jeder sich auf ´s neue ein.

Doch eines ist hier zu bedenken,
ob man dies so sehen kann;
seinen Blick auf andere zu lenken,
das steht jedem wohl gut an.

Damit das Jahr wird ein Gewinn,
mache selbst den ersten Schritt,
die Hand halt´ deinem Nachbarn hin,
wirst seh´n, es machen viele mit.

Wer seinen Nächsten nicht vergisst,
der wird nicht selten durch sein Handeln,
wenn er mit Gott nutzt seine Frist,
sich und diese Welt verwandeln.

So hofft man auf das neue Jahr,
will immer recht nur walten,
ein guter Vorsatz offenbar,
nur---, muss man ihn auch halten.

Man sinnt, was man zu tun gedenkt
und vergeudet manche Zeit,
doch die ist uns von Gott geschenkt
und somit eine Kostbarkeit.

Am Jahresend´ dann unverhüllt,
heißt es nach vorn zu schauen,
blieb mancher Vorsatz unerfüllt,
so kann man doch auf neue bauen.

Wie geht es doch so oft im Leben,
was man sich vorgenommen hat,
da steht wie so vieles eben,
die Erfüllung auf ´nem andern Blatt.

Der Wunsch mög´ sein für´s neue Jahr,
dass man mit Bestimmtheit weiß,
man macht alle Vorsätz´ wahr,
damit´s am End` nicht wieder heißt:

„Von alle dem, was man ersann,
wird am Ende plötzlich klar
und man weiß ganz sicher dann,
daß dies ein Jahr der Vorsätz´ war.“

Bei dir sein

Bei dir sein, mit dir teilen,
bei dir sein, dir alles geben,
bei dir sein, bei dir verweilen,
bei dir sein, ist für mich Leben.

Bei dir sein, mit dir zu lachen,
bei dir sein, deinen Atem spüren,
bei dir sein, Dinge machen,
bei dir sein, ist wie berühren.

Bei dir sein, ist Licht für mich,
bei dir sein, das gibt mir Mut,
bei dir sein, ist Glück an sich,
bei dir sein, das tut mir gut.

Bei dir sein, dich zu sehen,
bei dir sein, einen Augenblick,
bei dir sein, mit dir gehen,
bei dir sein, ist für mich Glück.

Advent

Advent--- Weg zum Weihnachtsfest.
Es sollte ruhig sein,
doch überall nur Eile und Hast.
Kein innehalten und verweilen,
kein geben und teilen.
Hunger, Vertreibung und Flucht,
Ablehnung und Ausgrenzung.
--- Advent?

Advent--- Weg zur Erkenntnis,
zum besseren Verständnis.
Den anderen annehmen, verstehen,
Bruder oder Schwester in ihm sehen.
Miteinander gehen und leben,
vom Eigenen etwas zu geben.
So beginnt im Inneren
--- Advent?

Advent--- Weg zur Einsicht,
zur inneren Erkenntnis gelangen,
um nichts müssen wir bangen.
Wenn jeder nur bisweilen,
beginnen würd` mit Teilen,
dann fällt auch der Kerzen Schein,
bis in unser Herz hinein.
--- Advent?

Advent--- Weg zum Licht.
Advent beginnt im Herzen,
so soll das Licht der Kerzen,
im Inneren sich entfalten,
so, daß wir nicht erkalten.
Eine Kerze gibt Licht und Hoffnung.
Auch du kannst so eine Kerze sein.
--- Advent?

Zwei Tannenbäume

Im Wald zwei kleine Tannen steh`n
und lustig sich im Winde dreh`n.
Unbekümmert so wie Kinder,
doch schon nahe ist der Winter.

Das wird wieder eine harte Zeit,
vor allen Dingen, wenn es schneit.
Wenn Flocken sich an Flocken rücken
und uns die Zweige niederdrücken.

Jetzt noch sind wir zart und klein,
doch bald schon wird das anders sein.
Dann sind wir beide stark und groß,
doch, was wird dann einmal aus uns bloß?

Ich will einmal mit Lack und Schliff,
als Mastbaum auf ein großes Schiff.
Dann kann ich fahren stolz und hehr,
mit vollen Segeln über`s Meer.

Du bist also drauf erpicht,
wenn ein Sturm als Mast dich bricht,
mit allen Seilen, Stricken, Schlaufen,
in Meeresfluten zu ersaufen?

Vielleicht auch werd` ich eine Bank,
steh` in der Kirch` und Gott zum Dank?
Und wenn der Pfarrer länger schwätzt,
sich die Gemeinde darauf setzt.

Doch, wenn ich mir`s überlege recht,
eine Kirchenbank, das ist schlecht.
Weil ich die Seelenlasten dann,
alleine auch nicht halten kann.

Leider doch, dass find` ich arg,
nimmt man mich oftmals auch als Sarg.
Da der steht ständig unter Erden,
möcht` ich auch kein Sarg nicht werden.

Halt an, da fällt mir ein,
was möchtest du denn sein?
Ein bunt geschmückter Weihnachtsbaum,
in einem schönen großen Raum.

Da wirst du ja nicht richtig groß,
bleibst immer nur ein Sprössling bloß.
Ja, du wirst sogar in jungen Jahren,
schon zum Weihnachtsmarkt gefahren.

Ach, so wie ich gewachsen bin,
steh` ich schnell in einem Zimmer drin,
und ströme dann im ganzen Haus,
dort meinen Tannenduft heraus.

Wenn ich am rechten Platz dann stehe
und den Menschen in die Augen sehe,
mit meinem Anblick kann beglücken,
wenn sie mich dann festlich schmücken.

Auf meiner Spitze einen Stern,
auch süße Sachen trüg ich gern,
goldne Kugeln und auch Kerzen,
dass höher schlagen Kinderherzen.

Zu meinem Fuss legt man Geschenke nieder,
Große und Kleine singen Weihnachtslieder.
Danach Bescherung, welche Freude,
es ist doch Heiligabend heute.

Nicht nur die Kinder sind dann froh,
auch die Erwachsenen ebenso.
Und was mir dabei Freude macht,
ist, wenn sie singen: „Stille Nacht.!"

Ja, ist wohl alles gut und schön,
doch, wie lange wirst du so dort steh`n?
Bis Dreikönigstag vielleicht-
dann hast du dein End` erreicht.

Deinen Schmuck nimmt man dir weg,
danach bist du für sie nur Dreck.
Dann ist dein schönes Leben aus.
Man wirft dich aus dem Fenster raus.

Wirst eingesammelt auf die Schnelle,
hingebracht zur Sammelstelle,
zusammengedrückt wie eine Laus,
dann in den Schredder-- aus.

Ja, so geschieht es wohl mir.
Doch, was ist denn nun mit dir?
Was soll aus dir denn werden,
solange du noch bist auf Erden?

Vielleicht in einem vornehm` Haus,
legt man mich einst als Diele aus?
Da kann ich glänzen mit Lasur,
man betritt mich mit Pantoffeln nur.

Das ist schön, doch bedenke wohl,
unter dir, da ist alles hohl.
Zu tragen hast du schwere Lasten,
Tisch und Stühl` und schwere Kasten.

Alles steht dann auf dir rum,
wirst unansehnlich und auch krumm,
man reißt dich raus, ganz ungeheuer,
dann bist du nur noch gut für`s Feuer.

Wenn ich weiter denke nach,
so ist es sicher keine Schmach,
wenn ich`s mir anders überlege
und einen andren Wunsch dann hege?

Ein Richtbaum, das wär` sicher schön,
ich könnte auf dem Dachstuhl steh`n,
mit bunten Bändern mich auch schmücken
und so die Bauherrschaft beglücken.

Ja, so können wir beide Freuden bringen,
müssen nicht um Großes ringen.
Du bringst Freud` zur Sommerzeit
und ich im Winter, wenn es schneit.

Die Erde

Gott hat einst den Spruch getan:
„Macht euch die Erde untertan!"
Geht sorgsam nur mit allem um,
sonst ist einmal alles stumm.

Doch wir wollen das nicht hören
und sind dabei, sie zu zerstören.
Wir sind da wohl ganz ungeniert,
des Schöpfers Wille wird ignoriert.

Was immer auch der Mensch erdachte,
in ihm zugleich der Wunsch erwachte,
wozu es denn zu nutzen wäre,
ob zum Schaden ob zur Ehre?

Vieles was der Mensch erdacht,
hat groß` Nutzen ihm gebracht.
Doch des Menschen Nutzen nur,
geht auf Kosten der Natur.

Der Mensch könnt´ diese These wagen:
„Sind wir mit Blindheit denn geschlagen?"
Er könnte sein Hirn auch mal dazu nutzen,
die vielen Waffenarsenale zu stutzen.

Kriege und Zerstörungen zu beenden,
alles zum Guten hin wohl wenden.
Kein Krieg hat je einen Nutzen gebracht,
nur Armut, Tod und finstere Nacht.

Oft denkt der Mensch nicht richtig mit,
weil es um Geld geht und Profit.
Ihm ist da wohl so manches Mal,
das Wohl der Tiere ganz egal.

Viele Tiere auf alle Fälle,
hineingezwängt in enge Ställe.
Und dann denkt der Mensch ganz wacker,
die Gülle, die muss auf den Acker.

Auch der Mensch als Konsument,
ißt gern Fleisch von Rind und Ent`,
dazu Kartoffeln und auch Wein,
das alles kann und darf so sein.

Nur die Lebensmittelschwämme,
bringt uns arg wohl in die Klemme.
Denn es landet zum guten Schluß,
zu viel im Müll vom Überfluß.

Fauna und Flora werden geschunden,
viele Wälder sind schon verschwunden.
Das Klima wird sich wandeln,
wenn wir schnell nicht handeln.

Der Anfang, der ist schon da,
nichts ist mehr wie es mal war.
Da hat das Wort ein neues Gewicht,
macht sie euch untertan - zerstört sie nicht.

Mein Herz

Du bist das Licht in meinem Herzen,
die Sonne, die es erwärmt.
Wie der Mond die Nacht erhellt,
so erhellst du mein Herz.
So wie das Wasser die Blume erquickt,
so erquickt deine Liebe mein Herz.
Freude ist in meinem Herzen,
wenn du bei mir bist.
Mein Herz schlägt höher,
wenn du mich umarmst.
Zur Ruhe kommt mein Herz,
kann ich bei dir sein.
Was für die Lampe ist das Öl,
ist deine Liebe für mein Herz.
Mein Herz ist voller Glück,
denn dein Herz ist immer in meinem Herzen.

Danke

Mein Leben war einsam und leer,
ich kannte schon längst nicht mehr
das Gefühl von Liebe und Vertrauen,
auf nichts mehr konnte ich bauen.

Du hast etwas in mir entfacht,
hast ein neues Leben mir gebracht,
du gabst mir das Verlorene zurück,
du bist für mich Liebe und Glück.

Du hast mir festen Halt gegeben,
den Halt, den man braucht im Leben.
Du bist der Anker, der mich hält,
bist mir das Liebste auf der Welt.

Für das, was du mir im Leben
an Liebe und Vertrauen gegeben,
dafür bedanke ich mich,
denn ich liebe nur dich.

Mein Licht

Du bist mein Licht in dunklen Stunden,
es leuchtet immerzu in mir;
die Dunkelheit ist überwunden,
wenn ich bin bei dir.

Auf meinen Wegen bist du mir Licht
und Halt auf allen Stegen;
meine Liebe zu dir die wird nicht
auf dieser Erde versiegen.

Dein Licht durchflutet mich
und erhellt das Herze mir;
tief drinnen fühle ich,
meine Liebe gehört nur Dir.

Wie Freude ist dein Licht,
das stetig mich umgibt;
damit es nicht zerbricht,
bist du von mir geliebt.

Licht, das ist auch Zuversicht,
ist Leben und auch Glück,
ohne dieses geht es nicht:
„Du gibst Liebe mir zurück".

Lebensstationen

Mit Händ` und Füßen, Nas` und Ohren,
wirst du zunächst einmal geboren;
liegst hilflos wohl in deinem Bett,
nach Nahrung schreiend, gar nicht nett.

Die Eltern haben abgewägt,
daß man dich zur Kirche trägt,
um zu empfangen Gottes Segen,
der dich schützen soll auf allen Wegen.

Zuerst dann kommt die Krabbelphase,
fällst ab und zu mal auf die Nase,
doch kannst du laufen, hast du indessen,
diese Phase längst vergessen.

Danach brauchst du nicht lange warten,
du durchläufst den Kindergarten
und danach die Schule dann,
wo man so viel lernen kann.

Wenn du glaubst, du hättest Ruh`,
bist sehr schief gewickelt du,
als ob es nicht genug schon wäre,
es kommt als nächstes nun die Lehre.

Hast dein Berufsziel du erreicht,
geht`s wie geschmiert - vielleicht.
Du musst dich nach der Decke strecken,
nicht immer ist es Honig schlecken.

So vergehen viele Jahre,
langsam werden grau die Haare;
die Berufszeit geht zu Ende,
statt Gehalt erhältst du Rente.

Kannst alles jetzt in Ruhe machen,
über viele Dinge auch mal lachen;
kannst dir selber Muße geben
und genießen froh dein Leben.

Trage alles mit viel Humor
und lass die Sorgen außen vor;
schau nach vorne und nicht zurück,
Gesundheit wünsch` ich dir und Glück.

Die Kur

In jungen Jahren, ja da sagt man nur,
was soll denn ich schon mit `ner Kur.
Ich genieß` das Leben jetzt und heute,
eine Kur ist was für alte Leute.

Doch wenn die Jahre schreiten fort,
es kneift mal hier, es kneift mal dort,
fragt man sich: "Was mach ich bloß,
wie werde ich die Schmerzen los?"

Ist die Lebensfreude fast gewichen,
wird zum Doktor nun geschlichen.
Auf dem Weg, so ganz gemach,
denkt über mancherlei man nach.

Es tun sehr weh die alten Knochen,
beim Doc hört man sein Herze pochen.
Was fehlt uns denn, ist hier die Frage,
und schon geht`s los mit dem Geklage.

Ich spür` ein Ziehen und ein Knacken,
rundherum in meinem Nacken,
in den Knien auch sowie im Rücken,
schwierig ist es auch schon mit dem Bücken.

Streng` ich mich an, dann schwitz´ ich gleich,
mein Bauch wird langsam schlaff und weich,
sie lässt auch nach, die Manneskraft,
ich glaub` Herr Doktor, ich bin geschafft.

Der Doktor sieht mich fragend an,
mal sehen, was ich machen kann.
Gewichtskontrolle, Größe messen,
großes Blutbild nicht zu vergessen.

Herz und Lunge sind gesund,
der Bauch ist etwas wohl zu rund,
Schulter röntgen und auch Becken,
Arthrose wohl ist zu entdecken.

Gut in Schwung sind noch die Nieren,
die Leber nicht so hart traktieren,
auch ist anzuraten wohl:
„Vorsicht mit dem Alkohol!“

Ansonsten bin ich sehr zufrieden,
sprach der Arzt und hat entschieden:
„Bei ihrem Leiden da hilft nur,
eine 21-zwanzig Tage Kur!“

Ein Herz für Kinder

Wo man auch hinschaut in der Welt,
sieht man viel Elend, Not und Leid,
es wäre besser wohl bestellt,
gäb´s auf der Welt nicht so viel Neid.

Der Neid, er könnte schnell verblassen,
wenn alle nur zusammen steh´n,
so könnten wir dann ganz gelassen,
auch in alle Kinderaugen seh´n.

Wir haben mehr, als nur zu essen,
Kleidung, Bildung auch nicht minder,
lasst uns die Kleinen nicht vergessen
und öffnen unser Herz für Kinder.

Wenn wir mit off`nen Augen schauen
und nicht wie Blinde geh´n umher,
dann nehmen wir wahr das Grauen
und sitzen nicht so ruhig mehr.

Wir sehen Menschen, von Soldaten gejagt,
Kinder sehen wir, mager und geschunden,
nach dem Warum, wird niemand gefragt
und manches der Kinder wird nie mehr gesunden.

Lasst alle uns zusammenrücken,
damit die Kinder können hoffen,
es wird bestimmt uns nicht erdrücken,
machen wir unser Herz für Kinder offen.

Wenn Kinder ausgebeutet für Profit,
nicht spielen dürfen und nicht lachen,
und wenn wir alle weiter machen mit,
das muss uns doch betroffen machen.

In schmutzigen Winkeln zu hocken,
zu schuften für eine Schale Reis,
der Warenpreis darf uns nicht locken,
sonst zahlen Kinder nur den Preis!

Soll jeder sich doch selber fragen,
zahl ich mehr oder zahl ich minder;
kann etwas mehr ich doch ertragen
und öffne drum mein Herz für Kinder.

Mit des Geschickes Mächten,
ein altes Sprichwort sagt,
ist kein ew´ger Bund zu flechten,
der Mensch es trotzdem wagt.

Die Folgen sind kaum abzusehen,
für Natur und Mensch nicht minder;
und die dabei im Abseits stehen,
sind meistens wieder Kinder.

Für sie wird´s bald dann zur Tortur,
wenn wir als Umweltschinder,
statt aufhören, weiter machen nur,
dann haben wir kein Herz für Kinder.

Der Mensch will diese Welt gestalten,
dabei kann er sie kaum erfassen,
denn, gegen der Natur Gewalten,
ist machtlos er und so verlassen.

Feuer, Wasser, Sturm und Glut,
sind Urgewalten der Natur,
sie kommen mit unbänd`ger Wut
und hinterlassen ihre Spur.

Was nachher bleibt, ist Not und Leid,
vor allem für die Kleinen,
drum öffnet eure Herzen weit,
damit die Herzen sich vereinen.

Schon im Buch der Bücher steht geschrieben,
wer mein Nächster neben mir,
denn, den Nächsten sollst du lieben,
ist er auch noch so weit von hier.

Richte mal den Blick nach innen,
schau dich einmal richtig um,
denn tief bei dir da drinnen,
ist noch längst nicht alles stumm.

Du musst es nur mal richtig wecken,
dies Gefühl, ich bin kein Sünder,
du wirst ganz bestimmt entdecken:
„Ich hab` ein Herz, auch für Kinder!“

Schön ist es--

Schön ist es, einen Menschen zu haben,

in zu lieben, mit all seinen Gaben.

Schön ist es, nicht allein zu sein,

sagen zu können, ich bin dein".

Schön ist es, Hoffnung zu geben,

stets für einander im Leben.

Schön ist es zu sagen, du bist mein Licht,

das die Dunkelheit durchbricht.

Schön ist es, das Glück zu teilen,

in deinen Armen zu weilen.

Schön ist es zu sagen: „Ich liebe dich,

du bist alles auf der Welt für mich."

Allein in meinem Zimmer

Allein sitz` ich in meinem Zimmer
und wünschte, du wärst hier,
denn in Gedanken bist du immer,
ganz, ganz nah` bei mir.

Dann fühl ich deine Wange,
ich streichle dir das Haar
und denke noch ganz lange,
wie schön es immer war.

In deinem Arm zu liegen,
so ganz nah` bei dir,
ein bisschen hin und her zu wiegen,
das wünsch ich mir.

So sitze ich in meinem Zimmer
und denk an meinen Schatz,
ich gebe in Gedanken immer,
ihr einen dicken „Schmatz".

Zum Geburtstag

Geburtstag das ist ohne Frage,
der schönste aller Ehrentage.
So ist es heute auch bei dir,
darum sind wir alle hier.
Denn du hast, gebet alle Acht,
die 80 heute vollgemacht.

Doch die sieht man dir nicht an,
wie jeder von uns sehen kann.
Langeweile kennst du nicht,
hast keine Falten im Gesicht;
gehst täglich deiner Arbeit nach,
bist im Kopf noch hell und wach.

Das liegt, ich sage es ganz leise,
an deiner guten Lebensweise.
Von allem ein wenig, nur nicht zu viel,
alles zu machen, ist immer dein Ziel.
Du hast für jeden ein offenes Ohr,
stellt einer dir mal seine Sorgen vor.

Auch in der Küche, da bist du ein Ass,
zauberst aus allen immer etwas.
Beim Backen von Gebäck, Torten und Kuchen,
kannst immer du einen Erfolg verbuchen.
Eines kann ich hier auch noch verraten,
du kennst dich aus im Feld und auch im Garten.

Marmeladen, Gelees und vieles mehr,
das stellst du alles selber her.
Da frag ich mich doch, bitte sehr,
wo nimmst du die Zeit nur her?
Auch wenn dazu noch kommt ein Gast,
den du dann zu versorgen hast.

Meine Liebe, nur Mut, nur Mut,
du machst das alles wirklich gut.
Wir wollen uns hier nicht beklagen,
nicht deine Arbeitslust verjagen.
Denn du kannst das wohl vertragen,
wenn wir dir jetzt „Danke“ sagen.
Danke für Müh` und Plag`,
danke für den schönen Tag.

Das macht mich glücklich

Ein Lächeln von dir.
Dein lieber Blick.
Jedes tröstende Wort von dir.
Die Wärme, die du mir gibst.
Dein mir geöffnetes Herz.
Jede innige Umarmung von dir.
Deine Hand, die mich hält.
Dein liebes Umsorgen.
Deine helfende Hand.
Deine süßen Küsse.
Dein zärtliches Streicheln.
Dein Licht, dass mich begleitet.
Die Liebe, die du mir gibst.
Bei dir sein.
Mit dir bin ich glücklich.

Dein Platz in meinem Herzen

Dein Bild in meinem Zimmer,
ich schau es immer an,
dabei denk` ich immer,
wann ich bei dir sein kann.

Jedes Kommen ist auch ein Gehen,
jedes Gehen ein Wiederkommen.
Die Freude auf ein Wiedersehen,
hat mir die Traurigkeit genommen.

Du bist der helle Stern in meinem Leben,
der gute sanfte Ruhepol;
hast immer Licht und Wärme mir gegeben,
das tut mir wirklich gut und wohl.

Die Zeit mit dir ist immer gut,
das sage ich ohne scherzen,
denn du machst mir immer Mut,
du hast einen Platz in meinem Herzen.

Zweisamkeit

Zweisamkeit ist schöne Zeit,
ist Balsam für das Herz,
schön ist es nur zu zweit,
getrennt sein, das ist Schmerz.

Bei Dir sein, ist Zärtlichkeit,
da find` ich inn`re Ruh`,
Frieden und Geborgenheit
und Liebe noch dazu.

Zu zweit sein, das ist Seligkeit,
ist Zuversicht und Glück,
zu zweit sein, ist Vertraulichkeit,
immer seh`n ich mich zurück.

Bei Dir sein, ist für mich Licht,
im Dunkel meiner Tage,
damit mir nicht das Inn`re bricht,
hältst Du mir die Waage.

Egal wo ich auch bin,
bei Dir sind meine Gedanken,
Du bist mir stets im Sinn,
meine Liebe wird nicht wanken.

Geburtstag

Wieder ist ein Jahr vergangen,
wieder ist ein Jahr dahin;
war es hoffen nur und bangen,
oder war auch Gutes drin?

Was gut war, davon zehren wir,
vergiss das Schlechte nur fürwahr,
vom Guten, ja da wünsch ich dir,
recht viel im neuen Lebensjahr.

Liebe, Glück und Gottes Segen,
sollen dir in deinem Leben,
Beistand sein auf allen Wegen,
das möge dir der Herrgott geben.

Hast du Kummer oder Sorgen,
dann bin ich fürwahr,
wenn du sie nicht hältst verborgen,
immer für dich da.

Nähe

Deine Nähe spüre ich am Abend.
Ich fühle sie auch am Morgen.
Sie ist erquickend und labend,
ich fühle mich dann geborgen.

Deine Nähe gibt mir Kraft,
sie ist mein Lebenselixier.
Auch wenn die Entfernung klafft,
so fühle ich dich doch bei mir.

Deine Nähe gibt mir Zuversicht,
auch, wenn ich nicht bei dir bin.
Entfacht sie doch in mir ein Licht,
es leuchtet immer zu dir hin.

Deine Nähe tut mir gut,
gibt auch Vertrauen mir.
Deine Nähe gibt mir Mut.
Ich stehe fest zu dir.

Deine Nähe stärkt meine Liebe,
sie ist für mich ein Gewinn.
Für mich ist sie auch das Getriebe,
das mich zieht stets zu dir hin.

Deine Nähe spüre ich am Abend.
Ich fühle sie auch am Morgen.
Sie ist erquickend und labend,
ich fühle mich dann geborgen.

Meine Gedanken

Meine Gedanken sind bei Dir,
sowie auch mein Herz
und tief in mir,
fühl` ich einen Schmerz.

Den Schmerz der Einsamkeit,
ohne Dich zu sein,
von Dir entfernt so weit,
bin ich hier allein.

Jeder Abschied erfüllt mich mit Trauer,
doch ein wenig auch mit Glück;
weiss ich doch jedes Mal genauer,
mit Freude komme ich zurück.

Denn bei Dir bin ich daheim,
dann heißt es wieder wir,
bin ich nicht mehr allein,
glücklich bin ich nur mit Dir.

Bei Dir sind all meine Gedanken,
all mein Sehnen nach Dir,
meine Liebe wird niemals wanken,
auch nicht in der Ferne hier.

In Gedanken

Am Morgen denke ich an dich
und auch am Abend.
Du bist das Glück für mich
und das ist labend.

In Gedanken bin ich bei dir
und halte deine Hand.
Dann glaube ich, du bist bei mir
und finde das galant.

Ich denke an die schönen Stunden,
die zusammen wir verbracht,
viel zu schnell sind sie entschwunden,
ich habe oft daran gedacht.

In Gedanken drück` ich dich
und streichel deine Wangen,
das Liebste bist du für mich,
darum musst du nicht bangen.

In Gedanken liegst du neben mir,
möchte, dass es immer bliebe,
doch eines möchte ich sagen Dir:
„Hab Dank für deine Liebe."

Zwei Herzen

Was mein Herz dir sagt,
das fühlst auch du;
was mein Herz auch wagt,
dass deine gibt mir Ruh`.

Was mein Herz für dich empfindet,
das weißt auch du;
mein Herz sich an deines bindet,
es liebt dich immerzu.

Ich will mein Herz dir schenken,
mit allem was ich hab`,
dazu auch all mein Denken,
du bist mein Halt und Stab.

Wo ich gehe, wo ich steh`,
da bist du bei mir;
in Freud` und auch in Weh`,
dafür danke ich dir.

Voll Sehnsucht ist mein Herz,
an dich zu denken hier,
das tröstet meinen Schmerz,
mein Herz gehört nur dir.

Mein Herz, es zieht zu deinem hin,
ohne dich, da ist es leer;
Dein Herz, es ist für mich Gewinn,
ich liebe dich so sehr.

Es freuet sich mein Herz,
wenn ich bei dir bin;
dann fühlt es keinen Schmerz,
das Warten ist dahin.

Nach Kevelaer

Wenn früh am Samstag läuten die Glocken,
dann machen sich viele Leute auf die Socken.
Frau und Mann und auch Kinder hier stehen,
sie alle wollen nach Kevelaer gehen.

Schnell noch das Gepäck in den Wagen verstaut,
ein Fähnchen an die Brust, mit den Liedern vertraut.
So stehen sie da, schütteln noch ein paar Hände,
um halb sieben geht`s los, Nr. 30, Lied ohne Ende.

Mit Gebet und mit Gesang,
geht es nun die Straßen lang.
Mit „Freunde Gottes allzumal“,
geht es durch Werth, durch`s „Jammertal“.

Über Heelden geht weiter der Marsch bis Empel,
da setzt sich jeder wohl auf seinen Stempel.
Einen Kaffee in den Magen, einen kurzen in die Schuh,
danach läuft es sich besser auf Kevelaer zu.

Manch einer blickt nach hinten, es geht nicht zurück,
erst müssen wir in Rees noch über die Brück´.
Dann über den Damm, Marienbaum kommt in Sicht,
dort gibt es einen Segen und dann ist erst Schicht.

Der eine ist froh über die Behandlung der Blasen,
der andere trinkt sich erst mal einen Klaren.
Hier kann jeder die Beine hochlegen,
und keiner der sagt: „Ich hab` was dagegen!“

Der Weg ist lang und auch wohl beschwerlich,
da sind die Sanis wohl unentbehrlich.
Ob Mann ob Frau, Bischof oder Kaplan,
all denen haben sie schon Gutes getan.

Und sie tun auch, ohne sich zu genieren,
wer das nötig hat, die Waden massieren.
Zu schnell ist herum die Mittagszeit,
da macht ein jeder sich wieder bereit.

Man merkt genau wo die Füße sitzen,
sie schmerzen auch und tun wohl schwitzen.
Weiter es nun durch den Reichswald geht,
auch, wenn die Sonne hoch am Himmel steht.

Unter den Füßen hat man brennen und klopfen,
und vom Kopf da fällt so mancher Tropfen.
Nicht nur die Sonne, auch Regen und Wind,
machen zu schaffen Vater, Mutter und Kind.

Und wen es drückt, der ist mit einem Husch,
verschwunden hinter dem nächsten Busch.
In Üdemerbruch kann man noch einmal verschnauben
und trinken den Saft von Gerste und Trauben.

„Ich will dich lieben“ das Lied hier steht,
sodann es auch schon weiter geht.
Gebet und Gesang, die ziehen einen mit,
fast ohne Schmerzen bei jedem Tritt.

Meter um Meter geht es voran,
bis Winnekendonk, so gut jeder kann.
Da sind Stühle und Bänke vergeben schnell,
und wer kann, der legt sich schnell auf sein Fell.

Auch diese Pause ist nicht von langer Dauer,
denn die Ordner stehen schon wieder auf der Lauer.
Nun geht es zusammen die Strasse entlang,
das Getriebe geht so schwer wieder in Gang.

Nur eines ist sicher und jedem wohl klar,
noch einen Freudenreichen, dann sind wir da.
Nun wird die Prozession mit Fahnen geschmückt,
der Weg bis hierher, der ist uns geglückt.

Links und rechts, da stehen Leute Spalier,
wir singen: „Maria zu dir kommen wir".
Um das Gnadenbild herum bewegt sich die Schlange,
ein paar Schritte noch, es dauert nicht mehr lange.

Die Treppe als letzte Hürde wird genommen,
mit: „Viel deiner Schäflein sind nun angekommen!"
Kurz noch den Segen und danke für´s Kommen,
dann wird das Bett in Beschlag genommen.

Sonntags nach der Pilgermesse, da laufen wir prompt,
den Kreuzweg, damit keiner aus der Übung kommt.
Nachmittags ist Andacht, es geht wohl nicht ohn`
und abends dann noch die Lichterprozession.

Danach gehen die meisten schnell und sacht,
ins Bett, denn es folgt eine kurze Nacht.
Am anderen Tag, so um kurz nach vier,
da stehen schon wieder auf den Beinen wir.

Pilgermesse, Frühstück, Gepäck in den Wagen,
schnell Maria noch eine Bitte vortragen.
Der Rückweg ist, ich sage es ehrlich,
für die meisten genauso beschwerlich.

Die Pferde, die kann weit hören wiehern,
je näher man kommt zu Küpper in Liedern.
Hier ist für uns noch einmal Rast,
bevor es weitergeht, ganz ohne Hast.

Noch einen „Blasenreichen" und eine Litanei,
so ziehen wir in Lowick an den Leuten vorbei.
Ab Rütten Banner und Fahnen uns begleiten,
und in St. Georg für uns die Glocken läuten.

Am Straßenrand manch einer den Kopf sich verdreht,
mit: „Viel deiner Schäflein" in die „Alte Kirche" es geht.
Vom Pastor noch den Segen, das Gepäck aus dem Wagen,
über Blasen an den Füssen hört manchen man klagen.
Doch über`s Jahr da werden wir hier wieder stehen,
wenn wir alle wieder wollen nach Kevelaer gehen.

---weil Nähe zählt

Als Malteser bist du nicht allein,
Hilfesuchende umgeben dich,
nimm sie an und lass sie herein,
ganz bestimmt, sie freuen sich.

Zu helfen ist dir eigen,
es steckt in dir drin;
du musst es nur noch zeigen,
deine Hand, halt` sie hin.

Schau nicht, was andere machen,
hilf beherzt mit Mut,
auch wenn die Leute lachen,
wirst sehen, es tut gut.

Der Glaube ist der Hilfe Kraft,
der Antrieb sozusagen,
in dir der Glaube manches schafft,
auch helfen ohne klagen.

Die Hoffnung wird dich stärken,
sie lässt innerlich dich ruh`n,
so wirst du bald wohl merken,
stets das Richtige zu tun.

Die Liebe ist die Glut,
die uns zusammen hält,
denn helfen, das tut gut,
als Malteser --- weil Nähe zählt.

Das achtspitzige Kreuz

Wir haben in einer Welt voll Hass und Geld,
unseren Dienst unter das achtspitzige Kreuz gestellt.
Es soll Kraft und Hoffnung sein für unser Leben,
damit wir von uns den Menschen nur das Gute geben.

Denen, die da arm sind im Geist,
die verhöhnt und verspottet meist,
wollen unsere ganze Kraft wir geben,
damit auch sie Freude haben im Leben.

Wo Trauer ist und Not,
wo vielleicht fehlt das tägliche Brot,
wo Leid die Menschen gebannt,
da wollen wir sein die helfende Hand.

Lernen wir, ohne zu klagen,
von jenen, die ihr Los geduldig ertragen,
ihnen zuhören und sie verstehen,
darin können auch wir unsere Hilfe verstehen.

Der Gerechtigkeit Zeugnis geben,
soll viel Raum haben in unserem Leben.
Von Recht und Ordnung, ohne Zagen,
sei stets unsere Hilfe getragen.

Vom Wenigen dem Armen zu geben,
danach wollen wir immer streben.
Ein offenes Herz macht es leicht,
dass den Nächsten die Hilf′ auch erreicht.

In einer Welt voll Ungeduld und Hast,
von Verleumdung, Frevel und Last,
in einer Welt voll Hass und Schmerzen,
wollen wir helfen mit lauterem Herzen.

Wir wollen stets hinieden,
Kreuzfahrer sein für den Frieden;
für den Frieden bei uns und in der Welt,
dann ist es gut um uns bestellt.

Dem, der leidet Verfolgung und Not,
der Angst hat und Sorge um´s tägliche Brot;
ihm helfen, für ihn etwas machen,
auch wenn die Anderen lachen.

Wir haben doch unseren Dienst in der Welt,
unter das achtspitzige Kreuz gestellt,
denn der Bergpredigt acht Seligkeiten,
sollen uns durch unser Leben leiten.

Hilfe, ich kann nicht helfen!

Kannst du beim Notfall helfen nicht,
dann fasse schnellstens den Entschluss,
und halte es für deine Pflicht,
dass man Erste Hilfe lernen muss.

Du suchst dir passende Termine
und meldest ohne Zögern dann,
mit offensichtlich froher Miene,
bei den Maltesern dich zum Lehrgang an.

Am ersten Tag dann, morgens zehn,
voll Tatendrang und voll Elan,
siehst du dich dann im Lehrraum steh´n
und schaust genau dir alles an.

Zuerst Formalien, Listen schreiben,
wie das in Deutschland üblich ist,
dann darfst getrost du sitzen bleiben
und tust, als ob du ein`ges wüsst´.

Zu helfen ist des Bürgers Pflicht,
das wird ganz schnell und deutlich klar,
zu rasch nur steht man vor Gericht,
weil´s unterlass´ne Hilfeleistung war.

Dieses zu erkennen ist ganz wichtig,
denn nur so muss du nicht bangen,
von anderen die Erste Hilfe richtig,
für sich selber zu verlangen.

Jetzt bist du richtig motiviert,
mit ganzem Herzen auch dabei,
du immer mehr dich engagierst,
denn vieles wohl noch ist dir neu.

Notfall, Notruf, Rettungskette,
wo und was, wie viel Verletzte,
da ruft´s in dir: „Rette, rette!“
doch ruhig bleiben, keine Hetze.

Ohne Sauerstoff kein Leben,
hier muss dringend man was tun,
die HLW muss man hier geben,
keine Zeit, sich auszuruh´n.

Auf das Bewusstsein, ja ganz richtig,
muss stets man haben sehr gut acht,
hier ist die Lagerung sehr wichtig
die seitlich ist wohl angebracht.

Nach den ersten Stunden Theorie,
kommt man wohl zu dem Entschluss,
was man gehört, das reicht wohl nie,
weil man´s auch praktisch üben muss.

Danach man denkt, jetzt bin ich fit,
ich hab` schon einiges gelernt,
obwohl, man ist sicherlich damit,
vom Helfer wohl noch weit entfernt.

Im weiteren Verlauf, da hört man auch,
von Gasen, Dämpfen allerhand,
von Helmabnahme, Hirndruck und vom Bauch,
von Blutung, Wunden und Verband.

Man hört vom Schock, vom Rettungsgriff,
vom Hitzschlag, Knochenbruch und Strom,
von Krawatte legen wohl mit Pfiff,
von Vergiftung, Asthma und Infektion.

Hat man all das hinter sich gebracht,
und behält man nur `nen Teil davon,
so denkt man leicht und mit Bedacht,
ist man schon ein kleines Lexikon.

Nach dem Lehrgang wohlgemut
und mit genauem Wissen dann,
weiß man, dass mit etwas Mut,
man im Notfall wirklich helfen kann.

Dem Gesetz nach, ist man verpflichtet,
wenn wem was Schlimmes widerfährt,
dass man sich dann auch danach richtet,
das ist jeder Mensch wohl wert.

Doch bei den Maltesern wird gelehrt,
dass man von Herzen helfen soll,
denn jeder Mensch, der ist es wert,
wenn man ihm hilft ganz liebevoll.

Und die Moral von der Geschicht`,
wenn mir passiert mal etwas hier,
denkt man mit einem bleich´ Gesicht,
wer hilft im Notfall dann mal mir?

Für jeden Menschen ist es wichtig,
dass er Erste Hilfe leisten kann,
damit er auch dann immer richtig,
im Notfall Leben rettet dann.

Der Pfadfinder

Pfadfinder sein heißt, den Pfad zu finden,
den richtigen Weg für sein Leben,
Pfadfinder sein heißt, sich zu binden,
an das Versprechen, das man gegeben.

Auf seine Ehre kann fest man bauen,
Gott und Vaterland ist er treu,
auf sein Wort kann man immer vertrauen,
ist mit ganzem Herzen stets dabei.

Ritterlichkeit ist ihm eigen
und Hilfsbereitschaft macht ihn reich;
in guten Werken sich zu zeigen,
ist gut und mutig wohl zugleich.

Mit gutem Beispiel geht er voran,
auch zu schützen Wald und Flur;
um mit froher Miene dann,
zu genießen die Natur.

Er beschützt die Kleinen und die Schwachen,
wie es ausgedrückt im Gruß,
auch wenn andere darüber lachen,
er macht`s gerne, ohne „Muss“.

Was er anfasst, wird gelingen,
weil mit ganzem Herzen er dabei,
halbe Sachen doch nichts bringen,
ist dieser Linie er stets treu.

Die Liebe ist sein Barometer
Fried` und Freude sein Geleit,
und mit Gottes Segen ist er:
„Stets und alle Zeit bereit!"

Die Wärmflasche

Vier Wochen lang die gleiche Frage,
was schenke ich zum heut`gen Tage?
Mir fiel erst überhaupt nichts ein,
ich meinte, originell muss es sein.

Blusen und Kleider hast du genug im Schrank,
aber was ist, wenn du einmal krank?
Dein Kleiderschrank ist sicher komplett,
drum schenke ich dir eine Wärmflasche fürs Bett.

Hast du Bauchweh und lässt weichen den Wind,
das sind Blähungen, du bekommst kein Kind.
Wärmflasche drauf, die Schmerzen sind weg im Nu,
Hauptsache aber, die Flasche ist zu.

Bei Magen-, Darm- und Kreislaufbeschwerden,
mit der Wärmflasche wird es besser werden.
Kalt hilft sie auch, gefüllt mit Eis,
wenn die Füße schmerzen oder der Kopf ist heiß.

Hast du mal zu gar nichts Lust,
pack dir die Wärmflasche auf die Brust,
sie wird verwendet von Hamburg bis Hawaii,
hilft gegen Rheuma und sonst allerlei.

Sie hilft bei Durchfall, Meniskus und Gicht,
nur das Alter vermindern, das tut sie nicht.
Die Flasche wärmt, die Flasche kühlt,
man ist so jung, wie man sich fühlt.

Geschenk für eine Frau

Wenn ich es so recht bedenke,
etwas Schönes sind Geschenke.
Doch nicht immer weiss man es genau,
was schenkt man nur der lieben Frau?

Brillanten die sind ganz entzückend,
doch finanziell auch sehr erdrückend.
Blieben Perlen, Saphir und Kollegen,
auch daran war mir nicht gelegen.

Platin, Silber und auch Gold,
war nicht das, was ich so wollt.
Da kam mir der Gedanke munter,
geh` doch ein paar Stufen runter.

Ja, es gibt auch kleine Sachen,
die dem Andern Freude machen.
So wie diese kleine Gabe,
die ich in dem Päckchen habe.

Denn eines hast du jedenfalls,
ein goldnes Kettchen für den Hals.
Du kannst es ruhig wagen,
dieses Teil daran zu tragen.

Dabei hab` ich mir gedacht,
es ist grad wie für dich gemacht
Leg es an ohne ach und weh,
es ziert bestimmt dein Dekolleté.

Die Nebelfrage

Alle Register ziehen, alle Hebel,
doch die Antwort bleibt im Nebel.
Jedes Mal, so knapp auf`s Letzte,
was schenke ich zum Weihnachtsfeste?
Ich zermartre mir das Hirn,
reibe links rechts die Stirn
und finde es dann auch nicht toll,
ich weiss nicht, was ich schenken soll.
Da, ganz plötzlich fiel mir ein,
es könnte was aus Bernstein sein.
Doch wohl nicht das Bernsteinzimmer,
nein, das ganze schaff` ich nimmer.
Aber aus der Ecke da, das kleine Ding,
das da aussieht wie ein Ring.
Das könnte passen wohl für einen Finger,
weitersuchen müsste ich dann nimmer.
So kam es wie es kommen muss,
zuletzt dann noch zu gutem Schluss.

Der Dichter

Jeder ist sich selbst sein Richter,
so ist es auch beim Dichter.
Er muss sich selber kritisieren,
statt lange nur zu lamentieren.

Wenn ihm was einfällt ist er froh
und brennt darob gar lichterloh.
Zeil` um Zeile schreibt er nieder,
holt verworf`nes auch mal wieder.

Er schreibt es um, doch wieder keine
neue Zeil`, kam hier zum Reime.
Nichts Gutes kam dabei heraus,
in Gedanken nur ein Aus.

Doch eine andre Variante,
die er auch zu gut nur kannte,
wenn erlosch die Dichterglut
und sich im Hirn so gar nichts tut.

Dann legt er seinen Stift zur Seite
dreht sich um und sucht das Weite.
Irgendwann, da packt`s ihn wieder,
er setzt sich an den Schreibtisch nieder.

Weil der neu` Gedankenfluss,
heraus nun auf`s Papier wohl muss.
Vorbei ist nun der ganz` Verdruss,
er hat`s geschafft, nun ist Schluss.

Alt werden

Alt machen nicht die grauen Haare,
alt machen nicht die Jahre,
alt machen nicht die Falten,
die jeder wird erhalten.

Alt macht nicht das lichte Haar,
nur anders wie es früher war.
Alt macht nicht verlor`ne Jugend,
alt macht nicht die beste Tugend.

Alt ist, wer den Mut verliert
und sich für nichts mehr interessiert.
Alt ist, wer nur sich selbst noch sieht
und so dem Leben ganz entflieht.

Das Geschenk

Heut` zu Deinem Geburtstagsfeste,
wünsch ich Dir das Allerbeste,
Zufriedenheit und weil daran gelegen,
Gesundheit auch und Gottes Segen.

Doch eines musste ich bedenken,
was bring ich mit, was soll ich schenken?
Manches ging mir durch den Kopf,
da saß ich nun, ich armer Tropf.

Die Gedanken flogen hin und her,
das Überlegen fiel mir schwer.
Hol ich dies, hol ich das,
ist es gut, taugt es was?

Zu groß sollte es nicht sein,
wiederum auch nicht zu klein.
Das richtige Teil, das wäre gut,
mich verließ schon fast der Mut.

Doch plötzlich griff ich an ich Stirn,
der richt`ge Gedanke kam ins Hirn.
Er ist in diesem Päckchen hier,
du kannst es brauchen, glaube mir.

So nebenbei, ganz unter uns,
hegtest du schon mal den Wunsch,
das kleine Teil hier mit den Schlaufen,
dir selber schon einmal zu kaufen.

Ein Teil in dem Du ganz behände,
hinein bekommst, ein ganz` Gelände.
Hol`s raus, lass hören deine Kunde
und mach ein Bild von dieser Runde.

Du

Du machst mir Mut,
wenn ich verzagt bin.
Du gibst mir Kraft,
wenn ich schwach bin.
Du machst mich froh,
wenn ich traurig bin.
Du gibst mir Wärme,
wenn ich Kälte fühle.
Du bist die Sonne für mich,
wenn Schatten mich umgibt.
Du richtest mich auf,
wenn ich niedergeschlagen bin.
Bei Dir fühle ich mich wohl.
Mit Dir bin ich glücklich.
Du gibst meinem Leben einen Sinn.
Ich freu` mich, wenn ich bei Dir bin.

Liebe heißt---

Liebe heißt, sich zu verschenken,
ohne viel zu fragen;
stets aneinander denken,
alles mitzutragen.

Liebe heißt, Gefühle zeigen,
ob sie traurig oder froh;
sieh in allen neuen Zweigen,
die Liebe immer so.

Liebe ist die Sonne im Leben,
der Schein des Mondes in der Nacht.
Liebe ist ein schönes Erleben,
hab` immer darauf Acht.

Liebe heißt, sich ganz zu geben,
sich nicht zu beklagen.
Liebe soll das ganze Leben,
den anderen immer tragen.

Liebe ist mehr als ein Wort,
ist im Weltengetriebe,
ein stiller Hort.
Du bist meine Liebe.

Freund Alkohol?

Als Freund habe ich dich gesehen,
doch du hast nur gelogen.
Du hast ständig mich betrogen,
bis es war um mich geschehen.

Ich hab` an dir gehangen,
hab` gedacht, du tust mir gut;
doch ich verlor den letzten Mut,
bin jetzt total gefangen.

Hab` oft versucht, dich abzuwehren,
dich einfach nicht zu sehen;
doch überall sah ich dich stehen
und musste dich begehren.

Hab` ich dir nicht den Druck genommen,
als du mich getrunken hast?
Dann war ich dir keine Last,
ich bin dir gut bekommen.

Ja, für eine ganz gewisse Zeit,
doch dann kam deine Geißel wieder.
Sie zwingt mich wieder arg danieder
und lässt mich denken, es ist soweit.

Jeden guten Rat hab` verdrängt,
habe einfach nur auf dich gehört;
ein guter Rat hat nur gestört,
mein Leben ist jetzt eingeschränkt.

Bin dir ganz und gar verfallen,
nichts in mir mehr hält dagegen;
ich bin dir einfach unterlegen,
obwohl sich meine Fäuste ballen.

Mein „Ich“, es ist total verätzt,
kein Gedanke ist mehr klar;
nichts ist mehr wie es einmal war,
ich hab` dich einfach unterschätzt.

Zum Geburtstag

Heute, als ich aufgewacht,
hab` ich schon an dich gedacht.
Doch da fiel mir plötzlich ein,
heut` muss dein Geburtstag sein.

Du bist ein Engel in Person,
dass wußte ich doch immer schon.
Ob im Garten, ob zu Hause,
gönnst du kaum dir eine Pause.

Waschen, bügeln, backen, stricken,
auch danach noch Hosen flicken,
all das machst du mit Bravour,
doch, wo bleibt die Ruhe nur?

Ja, du musst vor allen Dingen,
dich öfter mal zur Ruhe zwingen.
Ich weiß, du bist nicht zimperlich,
so kenn` ich und so lieb` ich dich.

Ein Virus namens Corona

Wie Musik, die keine Grenzen kennt,
ist auch ein Virus, das sich Corona nennt.
Es hält alle uns in Schwung,
ob wir alt sind oder jung.

Es infiziert uns, erst ohn` Beschwerden,
die Tage später bekannt dann werden.
Doch dann hat man ganz ungeniert,
schon seine Nachbarn infiziert.

So wird ganz schnell daraus eine miese,
weltumspannende Corona Krise.
Diese nun drückt die Wirtschaft nieder,
in ein viel zu enges Mieder.

Wie wir uns auch drehen und wenden,
es fehlt an allen Ecken und Enden.
Bei uns da wird weiter nur reduziert
und in Fernost dann produziert.

Es geht doch immer nur um Preise,
so kommt dann auf diese Weise,
was wir nun brauchen und nicht haben,
auch das Virus noch von diesen Knaben.

Bleibt zu hoffen, daß die Wirtschaftshüter,
darauf achten, die lebenswicht` gen Güter,
sich dessen nicht genieren,
diese hier zu produzieren.

Doch eines hat die Krise uns gelehrt,
sie hat uns Zusammenhalt beschert.
Die Menschen sind für einander da,
trotz Abstand halten sind sie sich nah.

Bleibt das auch nach der Krise so,
dann sind wir doch alle froh;
dann kann man zusammenfassen:
„Corona hat was Gutes hinterlassen".

Wachsam sein

Wachsamkeit ist das Gebot der Stunde,
sie ist zurzeit in aller Munde.
Die Geschichte hat uns längst gelehrt,
wer nicht rechtzeitig sich erwehrt,
nicht an Werte fest sich hält,
der ist verloren auf der Welt.

Was sind das für Werte, für die wir stehen?
Mit welchen Augen wollen wir sie sehen?
Mit guten Worten sie begleiten?
Mit welchen Waffen dafür streiten?
Wenn Verständnis und Toleranz wir schaffen,
dann braucht es keine scharfen Waffen.

Habsucht, Hass und Neid,
stehen oft bereit,
diese Werte zu verdrängen,
einfach alles einzuengen.
Im Kleinen, wissen wir, fängt`s einmal an,
im Großen sind`s die Staatenführer dann.

Doch lange wissen wir es schon,
Wissenschaft, Politik und Religion,
haben unsere Werte beschmutzt.
Sie haben sie oft für ihre Zwecke genutzt.
Es werden Menschen geschunden, getötet,
die Erde ist von ihrem Blut tief gerötet.

Schauen wir uns um in der Welt,
es scheint alles auf den Kopf gestellt.
Flucht, Hunger, Zerstörung und Krieg,
jeder für sich will den Sieg.
Doch ein Sieg, der ist niemals in Sicht,
eher die Erde auseinander bricht.

Wenn jeder abgibt von seiner Macht,
wenn jeder gibt auf den anderen Acht,
wenn wir uns alle auf unsere Werte besinnen,
dann könnte bestimmt etwas Neues beginnen.
Stimmen wir alle im Chor mit ein:
„Lasset uns gemeinsam wachsam sein!“

Die Kreissäge

(Eine eigene Erfahrung)

Ich stand vor meiner Säge,
die stand wohl etwas schräge.
Ausgerichtet, wie ich fand,
hatte sie den richt`gen Stand.

Nur, damit ich es noch erwähne,
sie hatte richtig scharfe Zähne.
Ich verstellte noch das Sägeblatt,
damit`s die richtige Höhe hat.

So machte ich mich dann,
an die Sägerei heran.
Den Anschlag richtig eingestellt,
wurden schmale Leisten hergestellt.

Alles lief ganz wunderbar,
nichts anderes zu erwarten war.
Doch etwas lief dann wirklich schief,
die Säge munter weiter lief.

Ich drehte mich und frag dabei,
ob auch die Dicke richtig sei.
Nach dem Okay dreh ich mich zurück
und erwisch` dabei das gute Stück.

Den ersten Finger eingeschnitten,
der zweite hat gar arg gelitten;
ein Stück von ihm, das lag daneben,
der vierte hat`s überlebt so eben.

Am fünften dann, ich mochte wetten,
das letzte Stück war nicht zu retten.
Die Hand nun, die sehr geschunden,
mit Küchentüchern schnell verbunden.

Das Telefon noch rasch herbei,
gewählt die Nummer 1-1-2.
Zu hören war, das kann nicht sein:
„Please hold the Line, please hold the Line."

Im RTW dann Notverband und Infusion,
Größe, Gewicht und Schmerzration.
Ich hörte noch, es war gediegen,
„Wir wissen nicht, wohin mit ihnen."

Und die Moral von dem Geschehen kurz und knapp:
„Wenn man nicht sägt, stellt man sie ab!"

Dank an die Mutter

(Gemeinsamer Text vom Autor und

Waltraud Walter, geb. Bongert)

Dir, Mutter, sei ein Dank gesagt,
für alle Müh` und Sorgen.
Du hast es mit uns gewagt,
bei dir, da waren wir geborgen.

Als Kinder haben wir dich manches Mal
wohl zur Verzweiflung gebracht.
Du wähntest dich im tiefen Tal
und hast das Beste draus gemacht.

Oft haben wir dich nicht verstanden,
doch sicher hast du` s gut gemeint.
Hast uns trotzdem beigestanden,
wenn wir gegen dich vereint.

Du hast für uns zurückgestanden,
damit lernen konnte jedes Kind.
Oft ohne „danke“ wir verschwanden,
wie waren wir doch oftmals blind.

Wir taten` s nicht aus bösem Willen,
nicht aus einer Laune nur heraus;
wir wollten unsere Neugier stillen,
doch wir kamen ohne dich nicht aus.

Wir können es dir nicht vergelten,
was immer du für uns getan;
wir haben dafür viel zu selten,
dankgesagt, nun denn, wohl an.

Dir, Mutter, sei ein Dank gesagt,
für alle Mühen, alle Sorgen;
dafür, dass du` s mit uns gewagt,
ein Dank für damals, heut` und morgen.

Mein Zuhaus

Bei mir zu Hause sitz` ich stumm
auf meinem Fernsehsessel rum.
Ich denke nach und stelle fest,
allein zu sein, ist nicht zu Best.

In Gedanken seh` ich dich vor mir
und denke, schön wär` es doch bei dir.
Was würd` ich dafür geben,
dich in den Arm zu nehmen.

Dich zu drücken und zu scherzen,
das wünsch ich mir von Herzen.
Meine Liebe, die geht nie aus,
denn du bist mein Zuhaus.

Die letzte Seite

Der Leser ist jetzt auf dem letzten Blatt,
wenn er sich nicht geärgert hat,
dann will auch ich zufrieden sein
und mich an seinem Spaß erfreu`n.

Doch fühlt er sich auf den Schlips getreten,
so hab` ich nicht darum gebeten.
Er wird` dann nicht vor Ärger eckig,
manch and`rem geht`s genau so dreckig.

Humor ist, wenn man trotzdem lacht,
drum habe ich dies Buch gemacht.
Es sagt dir jeder Kindermund,
lach` kräftig, denn das ist gesund.

Denn der ist stets ein grosser Thor,
der weder Witz liebt noch Humor.
Aus diesem Grunde schrieb ich`s nieder,
drum freue dich und lach mal wieder.

Mit „Das Blatt Papier" dies` Buch begann,
es folgten viele Texte dann.
Die letzte Seite, so steht es hier,
ist ein leeres Blatt Papier.

Inhalt

Anmerkungen vom Autor.

1)
Kevelaer ist ein Marien-Wallfahrtsort am Niederrhein. Seit 1733 geht eine Fussprozession im August von Bocholt nach Kevelaer. Am Samstag der Hinweg, sonntags in Kevelaer und am Montag der Rückweg. Die Entfernung Bocholt Kevelaer beträgt 52 Km. Die Zahl der teilnehmenden Pilger ist jährlich unterschiedlich. Im Schnitt sind es etwa 700 bis 900 Teilnehmer. Diesen Weg bin ich über fünfzigmal mitgegangen. Aus den gemachten Erfahrungen heraus ist der Text von mir zunächst in Bocholter Mundart (Bokelts Platt) verfasst und Jahre später ins Hochdeutsche übersetzt worden.

2)
Diese Texte sind im Laufe der Jahre durch Erfahrungen, die ich als heute noch aktiver Ausbilder bei den Bocholter Maltesern gemacht habe, entstanden. Helfen sollte uns allen ein Bedürfnis sein.

Autor Helmut Bongert

- Jahrgang 1940
  In Bocholt geboren
- Kleinstadt im westlichen Münsterland nahe der niederländischen Grenze
- Besuch der Volksschule
- Ausbildung: Lehren zum Sanitärinstallateur und Heizungsbauer
- Ableistung des Wehrdienstes mit Ausbildung zum Sanitäter Besuch der Bundesfachschule für Sanitär- und Heizungsbau mit Abschluss zum Sanitärtechniker und Gas- und Wasserinstallateurmeister.
- Sozial engagiert beim Malteser Hilfsdienst in Bocholt als Ausbilder für die Erste Hilfe
- Seit 2004 im Ruhestand

Meine Texte sollen Anregung sein für ein besseres Miteinander, mehr Achtung im Umgang mit Mensch und Natur.

Behalten wir immer den Humor und stets ein offenes Ohr.